PARIS. — Imprimerie FÉLIX MALTESTE et Cie,
rue des Deux-Portes-St-Sauveur, 22.

AUX

GOUVERNEMENTS

ET AUX

PEUPLES LIBÉRAUX

DE L'EUROPE

PAR P. BESNARD

CHEVALIER DE LA LÉGION D'HONNEUR

CAPITAINE COMMANDANT LA COMPAGNIE DE SAPEURS-POMPIERS

DE LA VILLE DE CHARTRES.

—————

PARIS

CHEZ E. DENTU, LIBRAIRE ÉDITEUR,

PALAIS-ROYAL, 17 ET 19, GALERIE D'ORLÉANS.

—

1864.

AUX

GOUVERNEMENTS

ET AUX

PEUPLES LIBÉRAUX

DE L'EUROPE.

GOUVERNEMENTS ET PEUPLES,

Un vieux serviteur, retraité, de l'armée française, qui fait des vœux pour le bonheur de toutes les nations, et, comme membre de la grande famille cosmopolite maçonnique, pour celui de tous ses frères malheureux, vient vous faire part des réflexions que lui suggèrent les circonstances graves dans lesquelles se trouve en ce moment l'Europe septentrionale. Ces circonstances ont, sans doute, déjà été appréciées par les Gouvernements et les Peuples libéraux européens, et, comme moi, probablement aussi, ils pensent qu'il est temps enfin d'arrêter d'inutiles hécatombes humaines.

Pour moi, mes chers frères, je vois se réorganiser, à Carlsbad et à Kissingen, contre les principes libéraux des peuples de l'Occident, la coalition des partisans de l'absolutisme et du droit divin déjà cimentée lors de la réunion des trois potentats à Varsovie.

Je vois, en ce moment, plusieurs Gouvernements absolutistes — et non leurs Peuples — s'entendre pour écraser les petites nationalités libérales qu'ils ont amenées à la révolte par des mesures vexatoires et des lois inhumaines, afin d'avoir un prétexte pour recommencer l'extermination de leurs institutions. Plus tard, suivant les événements qu'ils comptent mettre à profit, les autres gouvernements absolutistes, dont l'adhésion est naturellement d'avance acquise à la Sainte-Alliance, susciteront aux Gouvernements et aux Peuples libéraux de nouveaux embarras plus sérieux encore que ceux qu'ils leur suscitent aujourd'hui. Ils tenteront, en un mot, de renouveler la tactique occulte employée sous le premier Empire français

Il ne faut pas que les Gouvernements et les Peuples libéraux se fassent illusion. Ils représentent des principes totalement opposés à ceux des anciens partis, avec lesquels ils ne peuvent espérer aucune espèce de

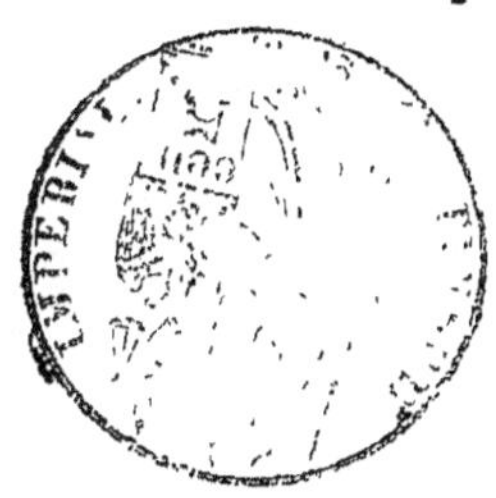

conciliation : c'est l'eau et le feu. Napoléon Ier l'a dit dans ses Mémoires, en parlant des partisans du droit divin : « *Ils sont blancs, ils resteront toujours blancs, mais non sans tache !* » L'Europe libérale ne doit avoir qu'une confiance modérée dans les aménités et les protestations de dévouement que ces partis, sous le premier Empire, on s'en souvient, n'ont pas ménagées à Napoléon Ier et à tous ses alliés pour arriver à la direction des affaires gouvernementales. C'est, en effet, grâce à leurs conseils funestes que l'Empereur a abandonné la ligne politique qui avait fait de la France, grande et victorieuse, la première des nations qui commençaient à goûter les bienfaits de la liberté.

Ces partis ont tant fait qu'ils sont parvenus à arrêter, pour un moment, la marche de la Révolution française et à détruire le dévouement et la sympathie des peuples pour Napoléon Ier, ce grand génie politique et militaire, qui marchait à la tête de la civilisation du XIXe siècle, et qu'ils sont arrivés, en 1815, à l'isoler au milieu de la France. Après avoir vaincu l'Europe entière, le grand homme, terrassé par la Sainte-Alliance, est allé s'éteindre sur le rocher de Sainte-Hélène. Voilà leur ouvrage des temps passés. C'est un fait historique qui doit servir d'avertissement aux souverains qui veulent franchement le triomphe du progrès et de la liberté.

On veut recommencer 1813 et 1815 ; mais heureusement les temps ont bien changé : depuis cette époque, les populations se sont instruites et se sont familiarisées avec les principes naturels des droits de l'homme et des peuples. Aux Gouvernements et aux Peuples libéraux donc d'éviter le retour d'une semblable catastrophe. C'est à eux qu'il appartient de faire tourner la nouvelle coalition liberticide contre l'absolutisme, en appelant aux armes toutes les nationalités libérales au nom des seuls principes naturels de l'humanité : l'égalité des droits et la liberté, qui, un peu plus tôt, un peu plus tard, finiront de vaincre partout le despotisme, l'esclavage et le droit divin, car Dieu a créé les hommes matériellement égaux et frères.

La nouvelle Sainte-Alliance offre à la France, à l'Angleterre, à l'Italie et à tous les peuples constitutionnels de l'Europe, l'occasion d'ajouter une page immortelle à l'histoire humanitaire du xixe siècle, par le triomphe d'une diplomatie franche et sérieuse ou par la force des armes, si on les oblige encore à la guerre.

Le moment serait favorable pour annuler les derniers lambeaux des traités de 1815, qui ont partagé et parqué les peuples comme des troupeaux d'animaux, sans égard pour la différence des mœurs et les affinités des races.

Le programme politique et social serait beau à remplir : régénérer toutes les nationalités qui aspirent à leur délivrance ; constituer définitivement l'équilibre européen, rétablir partout le droit que le Maître de la nature a donné à tous les peuples de vivre libres sous des lois protectrices édictées ou sanctionnées par eux-mêmes ; remettre en vigueur les principes sacrés de la neutralité et couronner l'œuvre par l'union fraternelle universelle, ce but final d'une humanité que Dieu, dans sa suprême sagesse, a créée perfectible.

N'y a-t-il pas là de quoi tenter les plus hautes et les plus légitimes ambitions ?...

Quoi! dans un siècle où l'on édicte des lois pour
punir les mauvais traitements infligés aux animaux, des
gouvernements despotiques peuvent impunément égorger
des peuples entiers ! La Russie peut écraser la Pologne,
cette vieille alliée de la France, cette sœur, pour nous
si prodigue de son sang sur tous les champs de bataille
de l'Europe !

Enfants de toutes les nationalités européennes, il est
temps enfin de secouer notre sommeil léthargique. La
voix de ces martyrs patriotiques nous rappelle le sang
versé par nos pères et nos frères pour conquérir une
liberté que l'on voudrait nous ravir par la ruse et par
la force; nous ne serions pas dignes de vivre si nous
laissions l'absolutisme et le fanatisme éteindre le flam-
beau de l'intelligence que nos pères courageux ont eu le
bonheur de nous léguer au prix de tant de sacrifices et
de hauts faits. Soyons reconnaissants envers leur mé-
moire, et en les prenant pour guides et pour exemples,

évitons surtout de recommencer les fautes qu'ils ont commises; nous devons consciencieusement les leur pardonner, car ils ne pouvaient avoir en politique et en diplomatie les connaissances et l'expérience que leur généreux dévouement nous a seul permis d'acquérir.

Sans le niveau social que ces hommes de cœur ont établi, aucun des membres de notre caste de *vilains* aurait-il jamais pu, comme aujourd'hui, arriver, en effet, aux plus hautes dignités sociales, quelles qu'eussent été d'ailleurs les capacités, l'intelligence ou le mérite que la nature ou l'éducation lui auraient départies? Sans eux, nous ne pourrions même jouir de notre fortune et la répartir également entre nos descendants.

Serfs, vilains et corvéables, remontons, sans orgueil à la souche dont nous sortons, et réfléchissant un instant à la situation malheureuse dans laquelle se trouvaient nos pères avant 1789, demandons-nous si nous consentirions à retourner en arrière? Non, mille fois non; il n'est aucun de nous qui ne préférât la mort plutôt que de ne point conserver intact, à nos descendants, l'héritage d'honneur et de liberté qui nous a été transmis par eux.

Le vieux monde fait aujourd'hui un suprême effort pour reconquérir ce qu'il a perdu : la force et l'influence;

mais, la prédiction de Napoléon Ier, que l'Europe serait un jour moscovite, ne se réalisera pas : la Révolution française a semé sur la terre européenne des germes libéraux qui ont fructifié depuis soixante-quinze ans. Ces principes vivifiants s'y sont profondément implantés, et avec la volonté de Dieu ils finiront par envahir l'univers.

Mais il y a de grandes choses à faire pour conjurer l'orage qui menace l'Europe libérale, et trois voies distinctes se présentent pour y arriver.

La première, qui peut éviter de grands malheurs, conduit l'Europe à un Congrès général des souverains, proposé par l'empereur Napoléon III, pour régler pacifiquement toutes les affaires de l'Europe. Dans ce Congrès, les grandes et les petites puissances viendraient débattre leurs intérêts particuliers, tout en se faisant des concessions pour établir une paix durable, au plus grand avantage des populations et des potentats eux-mêmes, qui doivent, avant tout, éviter de faire inutilement couler le sang, puisqu'ils sont responsables, envers Dieu, du bonheur des peuples qu'ils gouvernent, et que d'ailleurs le sang demande du sang !

La seconde voie, celle du retour aux principes de l'ancien régime qui, malheureusement, régissent encore bien des peuples, toute grosse qu'elle est de sanglantes conséquences, est cependant préférée par les peureux et les égoïstes, qui forment une immense agglomération d'hommes sans foi et sans dignité. Ces hommes font le malheur des nations, car ils n'ont pas le courage d'opposer la moindre résistance au despotisme, et appesantissent, au contraire, le joug sous lequel ils se courbent, pendant que les martyrs politiques se sacrifient inutilement pour eux. Cette voie, qui ferait table rase du progrès de l'humanité, ramènerait les peuples à la position où végétaient nos pères avant 1789, c'est-à-dire aux priviléges de castes et de suprématie absolue que certains monarques prétendent tenir de la main de Dieu. Un pareil recul de l'humanité ne pourrait se faire, même dans des flots de sang ; on ne ressuscite pas les morts.

La troisième voie, qui a toutes nos sympathies, est celle de la reconnaissance du principe des nationalités. Suivie par tous les hommes libres avec le dévouement fraternel qui engendre les grands sacrifices, elle conduirait infailliblement à la liberté, au progrès de l'humanité, à une paix sérieuse et à l'union de tous les peuples pour le bonheur des générations présentes et futures.

Toutefois, malgré nos préférences, dont nous ferions d'ailleurs bon marché dans l'intérêt de la conciliation,

nous pensons que tous les hommes prudents et véritablement désireux du bien-être général doivent, avant
tout, souhaiter que les potentats qui dirigent aujourd'hui
les nations soient inspirés véritablement par l'esprit de
Dieu et qu'ils viennent s'asseoir au Congrès. Car s'il en
est autrement, nous craignons de grands malheurs, et
quelle que soit l'une des autres voies suivies, deux
principes puissants se livreront une lutte terrible dans
laquelle l'un des deux sera anéanti dans des flots de
sang.

Gouvernements et Peuples, choisissez l'une de ces
trois voies. Vous savez, actuellement, où chacune d'elles
doit aboutir.

Frères, les mânes de nos pères nous appellent pour continuer les grands travaux humanitaires qu'ils ont commencés, et puisque l'union fait la force, rallions-nous tous autour du drapeau de la civilisation moderne, autour de ce drapeau qui, semblable au prisme solaire, réunit toutes les couleurs adoptées par les nationalités, et sur lequel sont inscrits ces mots : Liberté ! Égalité ! Fraternité des peuples ! A l'ombre de ce drapeau viennent se grouper les génies du bien, de l'union, de la paix, des sciences, des arts et de l'industrie.

Faites, Gouvernements et Peuples libéraux, que ce drapeau de la lumière, apporté sur la terre par la Divinité, il y a dix-huit cents ans, comme un mot d'ordre et de ralliement pour la réunion et la sainte alliance des peuples, ainsi que pour la régénération de l'espèce humaine, conduise à la victoire les nations encore opprimées par le despotisme et l'esclavage.

Voilà ce que Sa Majesté Napoléon III a eu le bonheur de commencer en 1856, pour la Moldavie et la Valachie, au congrès de Paris ; pour l'Italie, en 1859, dans les plaines de Magenta et de Solferino, et ce qui serait urgent qu'elle continuât de faire aujourd'hui, de concert avec tous ses alliés en libéralisme, afin d'accomplir la volonté de l'Être suprême, qui se révèle partout et sous toutes les formes, pour établir sur la terre :

1° Les principes vivifiants d'une équitable justice basée sur les lois humanitaires qui adouciraient les mœurs des peuples, au lieu de les rendre barbares et inhumains envers leurs semblables et leurs frères ;

2° La liberté pour toute l'espèce humaine, sa créature bien-aimée, puisqu'il l'a douée d'une perfection matérielle et d'un mécanisme admirables, d'une intelligence et d'une sagacité bien supérieures à celles des autres êtres animés de l'univers ;

3° La liberté de conscience et la tolérance religieuse pour tous les cultes, afin que chaque créature puisse, sans contrainte, prier et rendre hommage à Dieu, son père, son créateur, selon sa conviction et les sentiments reconnaissants de son cœur, qui doit être le sanctuaire de l'Esprit-Saint et le foyer du feu sacré de l'amour pour la Divinité ! Cette liberté empêcherait le renouvellement des guerres civiles et des massacres religieux que le fanatisme de toutes les religions qui se sont succédé, ont suscités au nom de leur Dieu, pour persécuter les autres croyances et pour s'imposer à la conscience des peuples par la force et la terreur;

4° L'égalité de tous les hommes devant la loi, ainsi que la répartition des charges et des emplois, suivant leur position sociale, leur intelligence et leurs capacités, puisqu'ils sont tous frères, descendants d'un même Créateur, qui, comme Dieu et comme père bienveillant pour tous, n'a jamais dû permettre ni approuver les principes du despotisme, de l'esclavage, du droit divin et les injustes priviléges de castes, pour gouverner ses enfants pendant leur séjour sur cette terre.

5° La fraternité, l'union et la solidarité de tous les peuples, pour éviter le grand fléau de la guerre qui détruit les populations et les ruine par le gaspillage et les incendies, qui, après les horreurs du champ de bataille. laisse encore à sa suite comme satellites inévitables, chargés de continuer la destruction, les épidémies, la disette et la misère, enfin, la désolation générale, tant pour les vainqueurs que pour les vaincus!

Toutes ces libertés, ces principes de tout bien et d'essence divine, que Jésus a proclamés sur la terre, il y a dix-huit cents ans, sans qu'ils aient été adoptés par les chefs des nations. sont reconnus aujourd'hui néces-

saires par les peuples, pour établir entre eux une paix
durable, le bonheur d'une vie libre et tranquille, et pour
qu'à l'avenir le grand fléau de la guerre ne puisse plus
avoir lieu sans le consentement de toutes les nationalités
réunies en congrès, pour juger et régler les différends
qui pourraient survenir entre les gouvernements.

Si la diplomatie ne peut rien obtenir pour arrêter, le
plus promptement possible, l'effusion du sang en Pologne
et ailleurs, et s'il est nécessaire d'employer la force
des armes pour arriver à ce résultat, il faut alors que
toutes les nationalités libérales acceptent avec courage
ce grand et dernier sacrifice à faire dans l'intérêt du
genre humain, comme il y a dix-huit cents ans, un sacrifice de dévouement eut lieu pour elles, sur le Calvaire
du Mont-Golgotha !

Voici le tableau des forces militaires moyennes que
les peuples et les gouvernements libéraux pourraient
employer immédiatement en remplacement du congrès,
pour régler les affaires de l'Europe avant que les circonstances deviennent plus graves et qu'ils ne puissent
plus le faire aussi efficacement :

DÉSIGNATION DES PUISSANCES.	EFFECTIF MOYEN.	OBSERVATIONS.	EFFECTIF à employer IMMÉDIATEMENT.
1° La France a............	500,000	hommes sous les armes.	
	50,000	hommes en congés de semestre et en congés illimités.	
Contingent qu'elle peut ajouter dans l'espace d'un ou deux mois........	250,000	hommes de la 2ᵉ portion des contingents de 1859 à 1863 inclus.	
	200,000	hommes d'engagés volontaires pour deux ans.	
Total pour la France ...	1,000,000	d'hommes, dont 300,000 hommes de réserve sur les frontières de la France................	700,000
2° L'Angleterre.	220,000	....	150,000
3° L'Italie	370,000	....	300,000
4° La Pologne............	100,000	Peut-être toute la population valide.........	100,000
5° La Suisse.............	80,000	....	40,000
6° La Belgique...........	75,000	....	40,000
7° La Hollande...	60,000	....	30,000
8° L'Espagne.............	230,000	....	100,000
9° Le Portugal,...........	30,000	....	20,000
10° Le Danemark..........	75,000	....	50,000
11° La Suède et la Norwége ..	125,000	....	100,000
12° La Turquie............	200,000	....	100,000
13° La Moldavie et la Valachie	30,000	....	20,000
Total moyen	2,595,000	Total à employer	1,750,000

Le gouvernement français pourrait faire un appel de 200,000 hommes volontaires parmi les anciens militaires des classes libérées et parmi la jeunesse française à laquelle on accorderait la faculté de contracter des engagements de deux ans avec prime et la jouissance de tous les avantages et indemnités alloués aux troupes en temps de guerre.

Le gouvernement se réserverait la faculté de les renvoyer dans leurs foyers après le rétablissement de la paix, avec une indemnité qui serait fixée suivant le temps qu'ils auraient encore à faire.

Ces 200,000 hommes pourraient être versés dans les corps d'où ils sortent, pour les anciens militaires, et on utiliserait les sergents, les caporaux, les maréchaux-des-logis et les brigadiers en les admettant pour leur grade dans une partie des places vacantes que présenterait la nouvelle organisation de l'armée sur le pied de guerre.

Voici la perspective de la stratégie des peuples et des gouvernements libéraux qui se présente à mon imagination ; je les vois traçant et désignant, de concert entre eux, sur la carte de l'Europe, une demi-circonférence qui, partant de la Laponie, passerait par la Suède, le Danemark, la Hollande, la Belgique, la France, la Suisse, l'Italie, la Turquie et la Moldo-Valachie, dont le centre

serait Moscou et Saint-Pétersbourg. Cette ligne circu-
laire se garnirait, à un signal donné, d'un mur vivant,
armé de deux millions de baïonnettes, sans compter
toutes les marines militaires de ces puissances dans les
mers Noire, Adriatique, Baltique et le golfe de Finlande ;
elle présenterait une force imposante qui refoulerait
devant elle toutes les cohortes coalisées de l'absolutisme,
de l'esclavage et du droit divin.

Ce rempart vivant, formé par l'union de toutes les nationalités libérales, marcherait comme un seul homme
vers le centre, en suivant les principaux rayons de cette
circonférence. Cette division en sept points stratégiques
donnerait la facilité de subvenir aux approvisionnements
des armées libérales et forcerait l'ennemi à éparpiller
ses forces.

PREMIER POINT STRATÉGIQUE.

La Turquie fournirait un contingent de
100,000 hommes, ci 100,000

La Moldo-Valachie, un contingent de 20,000 hommes, ci . . . 20,000

} 120,000

Cette armée turco-moldo-valaque suivrait
la ligne de Kiew, Nowogorod et Moscou ; elle
pourrait être secondée par la Hongrie, la

A reporter. . 120,000

Report. .   120,000

Gallicie et les autres provinces qui sont disposées à recevoir l'émancipation ; toute la marine militaire turque dans la mer Noire, devant Odessa et sur le littoral de la Russie.

DEUXIÈME POINT STRATÉGIQUE.

Dans l'hypothèse où l'Empereur d'Autriche ne se joindrait pas aux puissances libérales de l'Occident, en fournissant un contingent de 300,000 hommes, pour rétablir les nationalités et la paix générale de l'Europe, qui est fortement ébranlée en ce moment,

La France fournirait un premier contingent de 200,000 hommes, ci . . 200,000

L'Italie, un contingent de 300,000 hommes, ci 300,000   } 500,000

Cette armée franco-italienne marcherait sur Vienne, Cracovie, Mensk, Smolensk et Moscou.

Elle pourrait être secondée par une armée de volontaires italiens et vénitiens, et

A reporter. .   620,000

Report. . 620,000

toute la marine italienne dans l'Adriatique devant Venise et Trieste.

TROISIÈME POINT STRATÉGIQUE.

La France fournirait un deuxième contingent de 100,000 hommes, ci. 100,000

La Suisse, un contingent de 40,000 hommes, ci. 40,000

140,000

Cette armée franco-suisse marcherait sur Munich, Prague, Varsovie, Minsk et Moscou.

QUATRIÈME POINT STRATÉGIQUE.

La France fournirait un troisième contingent de 400,000 hommes, ci . . 400,000

La Belgique, un contingent de 40,000 hommes, ci. 40,000

L'Espagne, un contingent de 100,000 hommes, ci 100,000

Le Portugal, un contingent de 20,000 hommes, ci. 20,000

La Pologne, un contingent de 100,000 hommes, ci 100,000

660,000

A reporter. . 1,420,000

Report. . 1,420,000

Cette armée du centre s'étendrait sur Stuttgard, Darmstadt, Francfort, Cologne, et marcherait sur Dresde, Varsovie, Vilna et Saint-Pétersbourg.

NOTA. 300,000 hommes français resteraient en reserve sur les bords du Rhin.

CINQUIÈME POINT STRATÉGIQUE.

L'Angleterre fournirait un contingent de 150,000 hommes, ci 150,000

La Hollande, un contingent de 30,000 hommes, ci. . . . . . . 30,000 } 230,000

Le Danemark, un contingent de 50,000 hommes, ci 50,000

Cette armée anglo-hollando-danoise marcherait sur Brunswick, Hanovre, Hambourg, Berlin, Stettin, Dantzig, le littoral russe et Saint-Pétersbourg.

SIXIÈME POINT STRATÉGIQUE.

La Suède et la Norwége fourniraient un contingent de 100,000 hommes, ci 100,000   100,000

A reporter. . 1,750,000

Report. . 1,750,000

Cette armée marcherait dans la Finlande,
sur Helsingfors et Saint-Pétersbourg.

SEPTIÈME POINT STRATÉGIQUE.

Toutes les marines militaires disponibles
dans la Baltique et le golfe de Finlande,
pour seconder le 5ᵉ corps d'armée sur le
littoral de la Russie, et le 6ᵉ corps d'armée
sur le littoral de la Finlande, tout en mar-
chant sur Kronstadt et Saint-Pétersbourg.

Total. 1,750,000

Cette stratégie générale des gouvernants et des
peuples libéraux européens permettrait de terminer
cette guerre promptement, dans l'intérêt de l'humanité,
et de régler dans un congrès général les affaires et l'as-
siette de l'Europe.

Cette force militaire n'est pas exagérée, puisque pour
la France, Sa Majesté Napoléon III a 500,000 hommes
sous les armes et qu'elle peut en outre appeler immédiatement 500,000 hommes, savoir :

50,000 soldats en congé de semestre et
en congé illimité, ci.   50,000

250,000 jeunes soldats de la deuxième por-
tion des contingents de 1859 à 1863 inclus   250,000

200,000 engagés volontaires pour deux ans   200,000

Total.   500,000

Au besoin même, le rétablissement de 500,000 hommes de garde nationale mobile, pour se mettre en mesure de parer aux accidents imprévus de la guerre.

Les contingents fixés sur le tableau ci-dessus pour les autres puissances de l'union libérale ne paraissent pas au-dessus de leurs forces et de leurs moyens.

En lisant ces réflexions, les gouvernants et les peuples penseront peut-être qu'elles sont l'œuvre d'un fou qui voit tout en noir ! C'est possible ! Dans l'intérêt général il souhaite ardemment se trouver dans l'erreur.

Papin et sa marmite disaient vrai, il y a 160 ans, et ils ne furent pas écoutés ; et pourtant aujourd'hui la vapeur est la force motrice de presque toute l'industrie.

Plein d'espérance dans un avenir heureux pour les peuples et pour les gouvernants, le soussigné les supplie de venir en aide, par leur puissante union, aux peuples qui sont encore sous le joug du despotisme et de l'esclavage, convaincu qu'il est que la cause de la liberté et du progrès est intimement liée à la paix et au bonheur de l'humanité.

P. BESNARD,

Chevalier de la Légion d'honneur,
Capitaine commandant la compagnie de sapeurs-pompiers
de la ville de Chartres.

Paris. — Imp. FÉLIX MALTESTE ET Cie, rue des Deux-Portes-Saint-Sauveur, 22.